skoro - школа	2
koiri - путешествие	5
transport - транспорт	8
foto - город	10
landschap - ландшафт	14
restaurant - ресторан	17
wenkri - супермаркет	20
dringi - напитки	22
nyan - еда	23
burugron - ферма	27
oso - дом	31
foroisi - гостиная	33
botrali - кухня	35
was oso - ванная комната	38
pikin kamra - детская комната	42
krosi - одежда	44
kantoro - офис	49
ekonomia - экономика	51
kari - профессии	53
wrokosani - инструменты	56
poku sani - музыкальные инструменты	57
meti dyari - зоопарк	59
sport - спорт	62
aktifiteit - действия	63
famiri - семья	67
skin - тело	68
ati oso - больница	72
nowtu - неотложный случай	76
grontapu - земля	77
oloisi - часы	79
wiki - неделя	80
yari - год	81
form - формы	83
kloru - цвета	84
difrenti - противоположности	85
nomru - цифры	88
den tongo - языки	90
suma / sang / fa - кто / что / как	91
pe - где	92

Impressum
Verlag: BABADADA GmbH, Nedderfeld 112 , 22529 Hamburg
Geschäftsführer / Verlagsleitung: Harald Hof
Druck: Books on Demand GmbH, In de Tarpen 42, 22848 Norderstedt

Imprint
Publisher: BABADADA GmbH, Nedderfeld 112 , 22529 Hamburg, Germany
Managing Director / Publishing direction: Harald Hof
Print: Books on Demand GmbH, In de Tarpen 42, 22848 Norderstedt, Germany

skoro
школа

klas — классная комната
prati — делить
bord — доска
skoro dyari — школьный двор
leriman — учитель
papira — бумага
skrifi — писать
pen — ручка
tafra — письменный стол
lati — линейка
buku — книга
studenti — ученик

skorotas

ранец

kisi

пенал

skriftiki

карандаш

srapu

точилка

sisibi

ластик

prenki buku

альбом для рисования

prenki
рисунок

kwasi
кисточка

ferfidosu
коробка красок

sisei
ножницы

gomma
клей

skrifbuku
тетрадь

skorowroko
домашняя работа

nomru
цифра

2+2

teri
прибавлять

5-2

koti
вычитать

vermenigvuldig
умножать

teri
считать

brifi
буква

alfabet
алфавит

wortu
слово

awortu
текст

lesi
читать

kreiti
мел

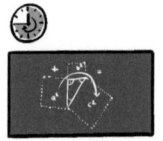
yuru
урок

klasbuku
классный журнал

examen
экзамен

skoropapira
диплом

sem skoro krosi
школьная форма

skoro
образование

encyklopedie
энциклопедия

unifersiteit
университет

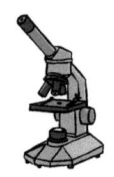
mikroskoop
микроскоп

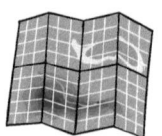
karta
карта

doti embre
корзина для бумаг

koiri
путешествие

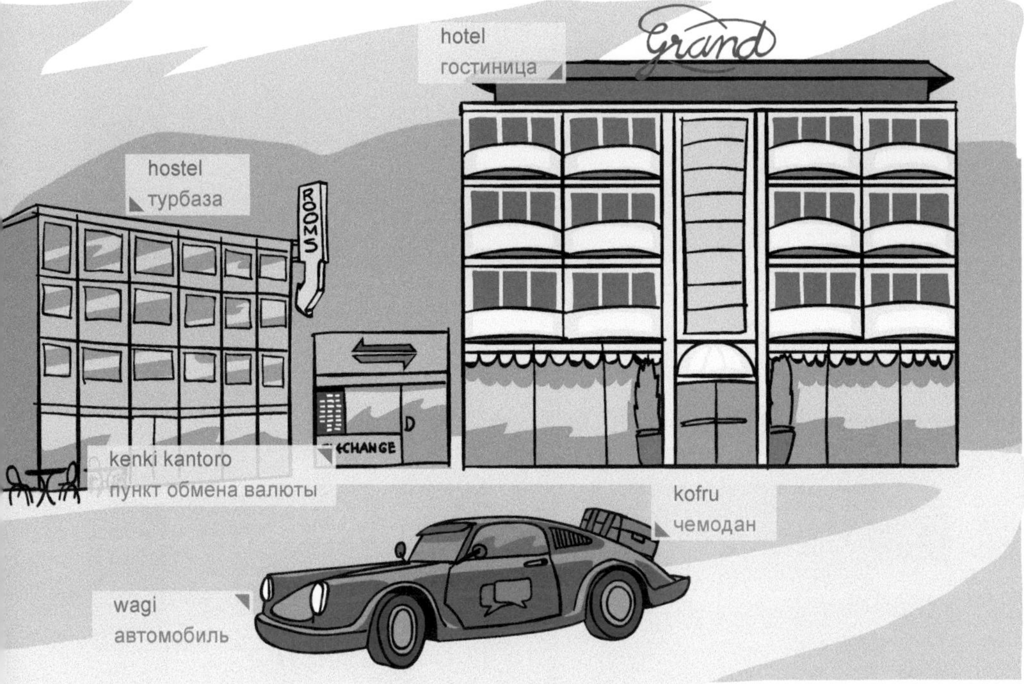

hotel
гостиница
Grand
hostel
турбаза
ROOMS
EXCHANGE
kenki kantoro
пункт обмена валюты
kofru
чемодан
wagi
автомобиль

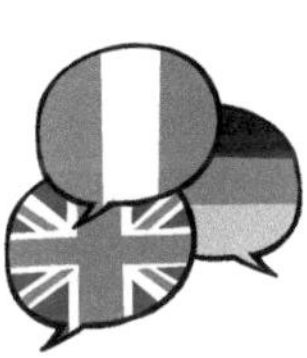

tongo

язык

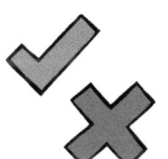

ai / no

да / нет

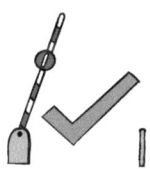

afen

хорошо

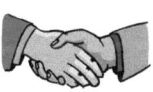

Ei!

Привет

torku

переводчик

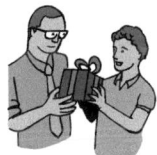

Grantangi

Спасибо

 O meni...? Сколько стоит...?	 Mi ne ferstan Я не понимаю	 problema проблема
 Kuneti! Добрый вечер!	 Morgu! Доброе утро!	 Kuneti! Доброй ночи!
 Adyosi! До свидания	 beni направление	 bagasi багаж
 tas сумка	 tas рюкзак	 fisiti гость
 kamra комната	 sribi saka спальный мешок	 tenti палатка

koiri - путешествие

reiskantoro

туристическая информация

sekanti

пляж

kreditkarta

кредитная карточка

mamanten nyanyan

завтрак

nyanyan

обед

nyanyan

ужин

karta

билет

lift

лифт

stampu

почтовая марка

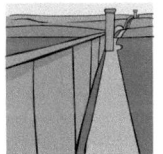

lanki

граница

douane

таможня

ambassade

посольство

fisa

виза

pasportu

паспорт

koiri - путешествие

transport
транспорт

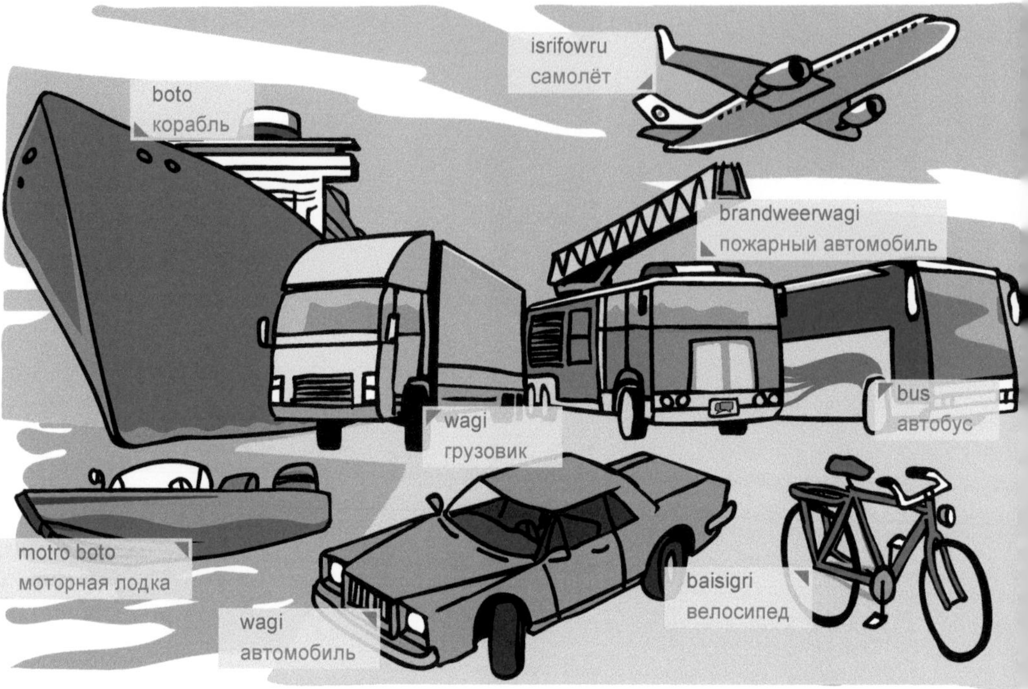

isrifowru — самолёт
boto — корабль
brandweerwagi — пожарный автомобиль
bus — автобус
wagi — грузовик
motro boto — моторная лодка
wagi — автомобиль
baisigri — велосипед

pondo
паром

boto
лодка

motro
мотоцикл

skowtu wagi
полицейский автомобиль

streilon wagi
гоночный автомобиль

yuru wagi
арендованный автомобиль

wagi prati
совместное пользование автомобилями

takelwagi
буксировочный автомобиль

doti wagi
мусоровоз

motro
двигатель

oli
топливо

oli pompu
заправка

ferkeermarki
дорожный знак

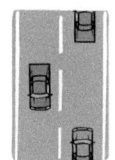

ferkeer
движение

reylo
пробка

parkeerpresi
автостоянка

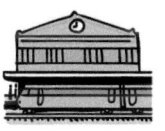

lokopresi
вокзал

rail
рельсы

loko
поезд

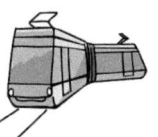

loko
трамвай

wagi
вагон

transport - транспорт

helikopter
вертолёт

opolangi
аэропорт

fortresi
вышка

pasasir
пассажир

kontainer
контейнер

doso
коробка

wagi
тележка

baskita
корзина

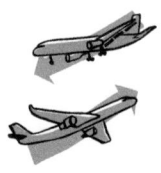
opo go / saka
взлетать / приземляться

foto
город

dorpu
деревня

fotosei
центр города

oso
дом

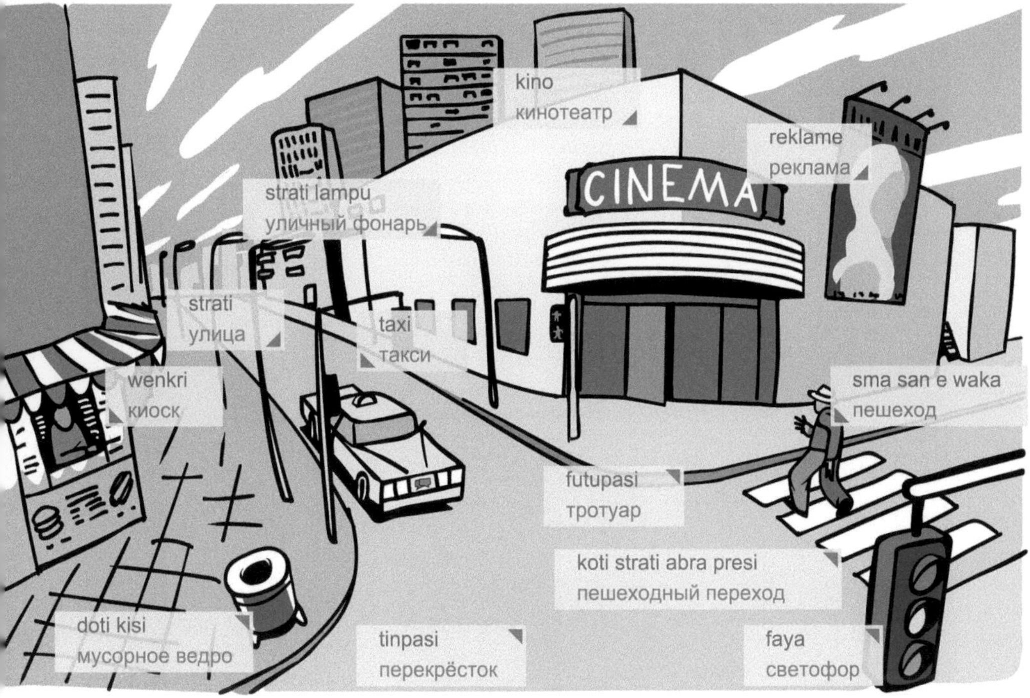

kino
кинотеатр

reklame
реклама

strati lampu
уличный фонарь

strati
улица

taxi
такси

wenkri
киоск

sma san e waka
пешеход

futupasi
тротуар

koti strati abra presi
пешеходный переход

doti kisi
мусорное ведро

tinpasi
перекрёсток

faya
светофор

kampu
хижина

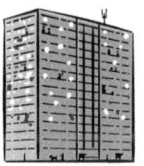

oso
квартира

lokopresi
вокзал

foto oso
ратуша

museum
музей

skoro
школа

foto - город

unifersiteit
университет

bangi
банк

ati oso
больница

hotel
гостиница

apteiki
аптека

kantoro
офис

buku winkri
книжный магазин

wenkri
магазин

bromki winkri
цветочный магазин

wenkri
супермаркет

wowoyo
рынок

wowoyo
универмаг

fisi seri man
торговец рыбой

bigi wenkri
торговый центр

lanpresi
порт

park
парк

bangi
скамейка

broki
мост

trapu
лестница

fatyawagi
метро

ondrogron-strati
тоннель

bushalte
автобусная остановка

bar
бар

restaurant
ресторан

brifibus
почтовый ящик

strati nen marki
табличка с названием улицы

parkeer marki
паркометр

meti dyari
зоопарк

swen presi
бассейн

gado-oso
мечеть

burugron
ферма

doti sani
загрязнение окружающей среды

berpe
кладбище

kerki
церковь

prei presi
детская площадка

gado-oso
храм

landschap
ландшафт

- wiwiri — лист
- pasi marki — дорожный указатель
- pasi — дорога
- wei — луг
- ston — камень
- bon — дерево
- koiri sma — путешественник
- libi — река
- grasi — трава
- bromki — цветок

lagi presi
долина

lebriki
гора

fisi-olo
озеро

busi
лес

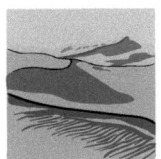

dreisabana
пустыня

bergi
вулкан

ridder-oso
замок

alenbo
радуга

todoprasoro
гриб

palmbon
пальма

maskita
комар

freifrei
муха

mira
муравей

waswasi
пчела

anansi
паук

asege
жук

todo
лягушка

bonboni
белка

agidya
еж

kon koni
заяц

owru kuku
сова

fowru
птица

gansi
лебедь

werder agu
кабан

dia
олень

dia
лось

dan
плотина

winti miri
ветряной генератор

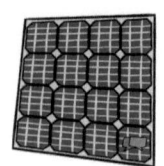

son planga
солнечная батарея

weer
климат

restaurant
ресторан

diniman — официант
nyankarta — меню
sturu — стул
supu — суп
pissa — пицца
nefi nanga forku — столовые приборы
tafra duku — скатерть

fesi nyanyan
закуска

moro prcnɜpari sortu nyan
главное блюдо

switi sani
десерт

dringi
напитки

nyan
еда

batra
бутылка

fastfood
фастфуд

strati nyanyan
уличная еда

tépatu
чайник

sukru patu
сахарница

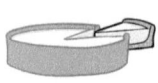
krab'patu
порция

espressomasyin
кофеварка

pikin sturu
детский стульчик

borgu
счет

brakri
поднос

nefi
нож

forku
вилка

spun
ложка

téspun
чайная ложка

servet
салфетка

grasi
стакан

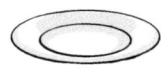

preti	supu preti	skotriki
тарелка	суповая тарелка	блюдце

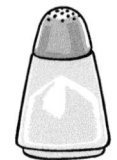

sowsu	sowtupatu	pepre miri
соус	солонка	мельница для перца

asin	oli	specerij
уксус	масло	специи

ketchup	mosterd	mayonaise
кетчуп	горчица	майонез

restaurant - ресторан

wenkri

супермаркет

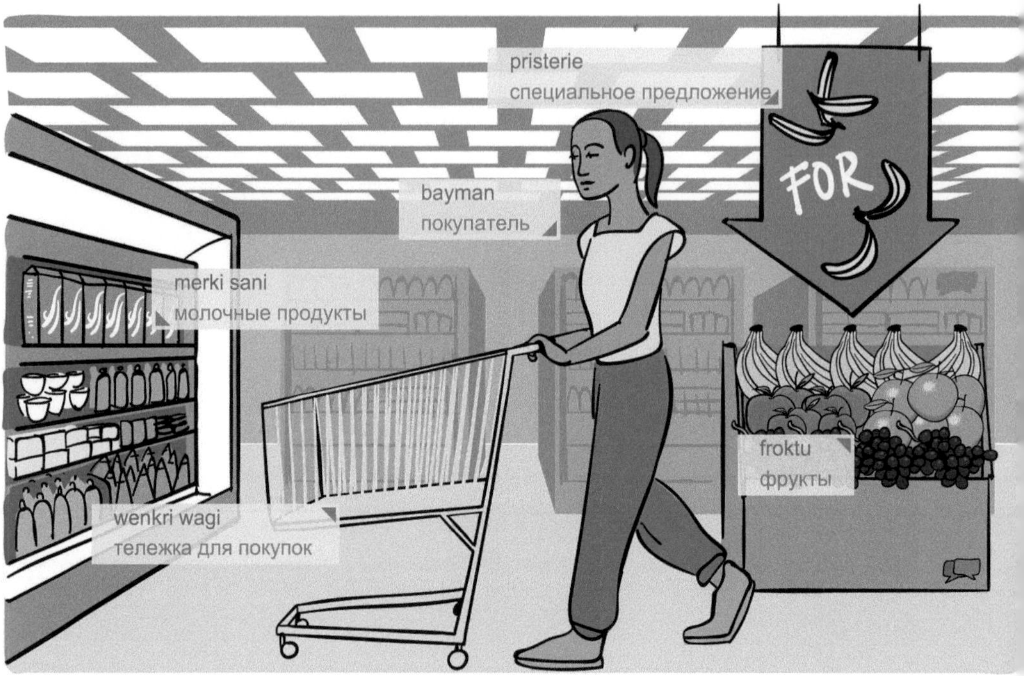

pristerie
специальное предложение
FOR
bayman
покупатель
merki sani
молочные продукты
froktu
фрукты
wenkri wagi
тележка для покупок

BUTCHERS

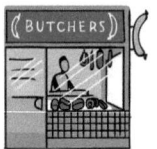

srakti-oso

мясной магазин

BAKERY

bakri-oso

пекарня

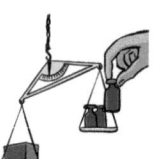

wegi

взвешивать

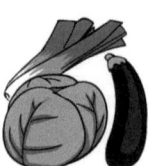

gruntu

овощи

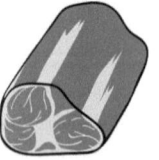

meti

мясо

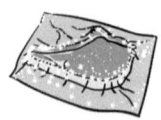

dijskasi sani

быстрозамороженные продукты

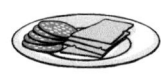

kowru meti

нарезка

blik nyan

консервы

wasi sani

стиральный порошок

switi sani

сладости

oso sani

предмет домашнего обихода

sani fu krin

моющее средство

seri sma

продавщица

kas

касса

kasman

кассир

bai marki

список покупок

opo yuru

время работы

portmoni

бумажник

kreditkarta

кредитная карточка

tas

сумка

plastik saka

полиэтиленовый пакет

wenkri - супермаркет

dringi
напитки

watra
вода

sap
сок

merki
молоко

kola
кока-кола

win
вино

biri
пиво

sopi
алкоголь

skrati
какао

té
чай

kofi
кофе

espresso
эспрессо

kappuccino
капучино

nyan
еда

bakba
банан

apra
яблоко

apresina
апельсин

watramun
арбуз

sitrun
лимон

rutu
морковь

konofroku
чеснок

bambu
бамбук

aiun
лук

todoprasoro
гриб

noto
орехи

pasta
лапша

spaghetti
спагетти

alesi
рис

salade
салат

patata
картофель фри

baka patata
жареный картофель

pissa
пицца

burger
гамбургер

brede
сэндвич

schnitsel
шницель

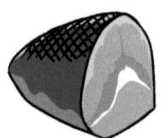

ameti
ветчина

salami
салями

worst
колбаса

kafowru
курица

bakadina
жаркое

fisi
рыба

nyan - еда

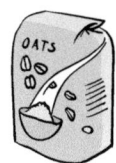
hafermout
овсяные хлопья

muesli
мюсли

karuflakes
кукурузные хлопья

blon lolo
мука

croissant
круассан

brede
булочка

brede
хлеб

baka brede
тост

buskutu
печенье

botro
масло

kwark
творог

kuku
пирог

eksi
яйцо

baka eksi
яичница

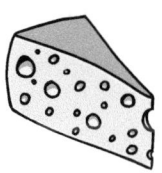
kasi
сыр

ice-cream
мороженое

sukru
сахар

oni
мёд

jam
мармелад

sukruskrati pasta
крем с нугой

kerrie
карри

burugron
ферма

wroko gron presi — крестьянский дом
maksin — сарай
grasi bergi — тюк из соломы
gron — поле
asi — лошадь
aanhangwagi — прицеп
traktor — трактор
pikin asi — жеребёнок
buriki — осёл
pikin skapu — ягнёнок
skapu — овца

krabita
коза

kaw
корова

pikin kaw
телёнок

agu
свинья

pikin agu
поросёнок

burkaw
бык

gansi

гусь

doksi

утка

pikin fowru

цыплёнок

fowru

курица

kakafowru

петух

alata

крыса

puspusi

кошка

moismoisi

мышь

burkaw

вол

dagu

собака

dagu pen

конура

tuinslang

садовый шланг

watra kan

лейка

nefi

коса

pluga

плуг

burugron - ферма

babun-nefi
серп

tyapu
мотыга

forku
навозные вилы

beyri
топор

kroiwagi
тачка

baki
корыто

merki kan
бидон для молока

saka
мешок

skotu
забор

pen
хлев

grun kasi
теплица

gron
почва

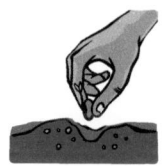

siri
посев

doti
удобрение

maaidorser
комбайн

burugron - ферма

koti
собирать урожай

nyanyan
урожай

yami
ямс

aleisi
пшеница

soja
соя

patata
картофель

karu
кукуруза

koro siri
рапс

froktu bon
фруктовое дерево

kasaba
маниок

siri
злаки

burugron - ферма

oso
ДОМ

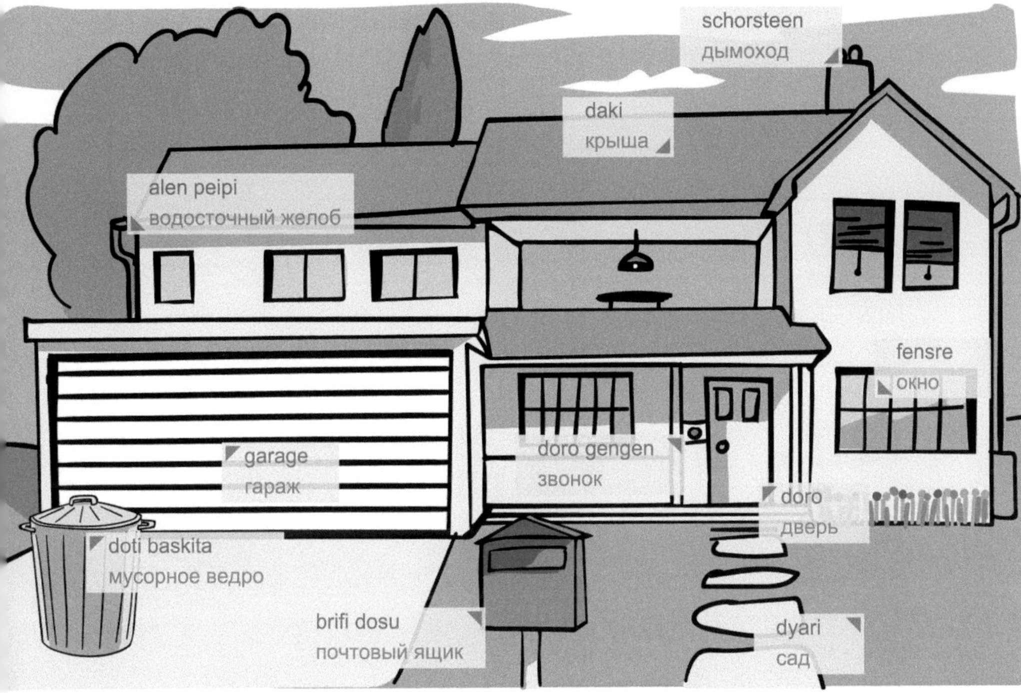

- schorsteen — дымоход
- daki — крыша
- alen peipi — водосточный желоб
- fensre — окно
- garage — гараж
- doro gengen — звонок
- doro — дверь
- doti baskita — мусорное ведро
- brifi dosu — почтовый ящик
- dyari — сад

foroisi
гостиная

was oso
ванная комната

botrali
кухня

sribikamra
спальня

pikin kamra
детская комната

nyanyan kamra
столовая

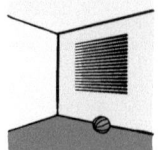
gron
пол

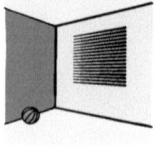
skotu
стена

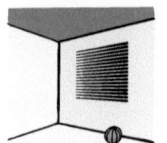
plafon
потолок

kedre
подвал

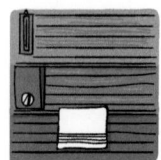
sauna
сауна

barkon
балкон

terras
терраса

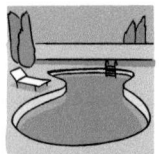
swen presi
бассейн

waimasyin
газонокосилка

sribikrosi
пододеяльник

sribikrosi
покрывало

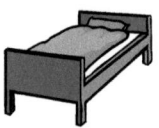
bedi
кровать

sisibi
метла

embre
ведро

san fu leti faya
выключатель

oso - дом

foroisi
гостиная

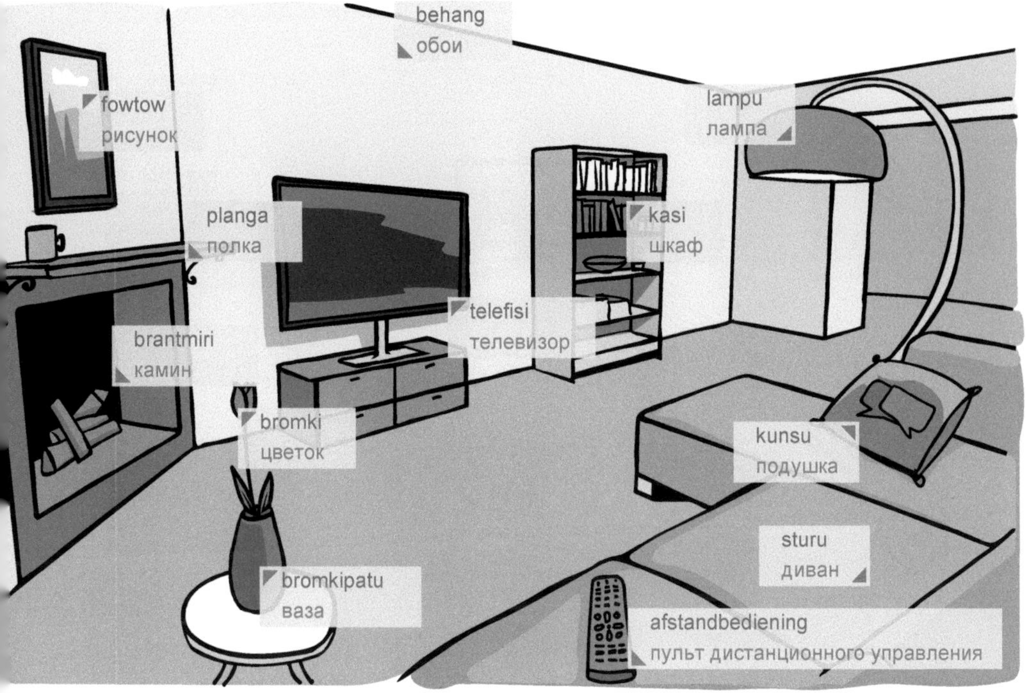

- behang — обои
- fowtow — рисунок
- lampu — лампа
- planga — полка
- kasi — шкаф
- brantmiri — камин
- telefisi — телевизор
- bromki — цветок
- kunsu — подушка
- bromkipatu — ваза
- sturu — диван
- afstandbediening — пульт дистанционного управления

matamata
ковёр

garden
штора

tafra
стол

sturu
стул

boboisturu
кресло-качалка

sturu
кресло

buku
книга

tapun
покрывало

pranpran
украшение

udu
дрова

kino
фильм

stereo- installatie
стереосистема

sroto
ключ

koranti
газета

skedrei
картина

poster
плакат

konkrudosu
радио

skrifi buku
блокнот

stofsuiger
пылесос

kaktus
кактус

kandra
свеча

foroisi - гостиная

botrali
кухня

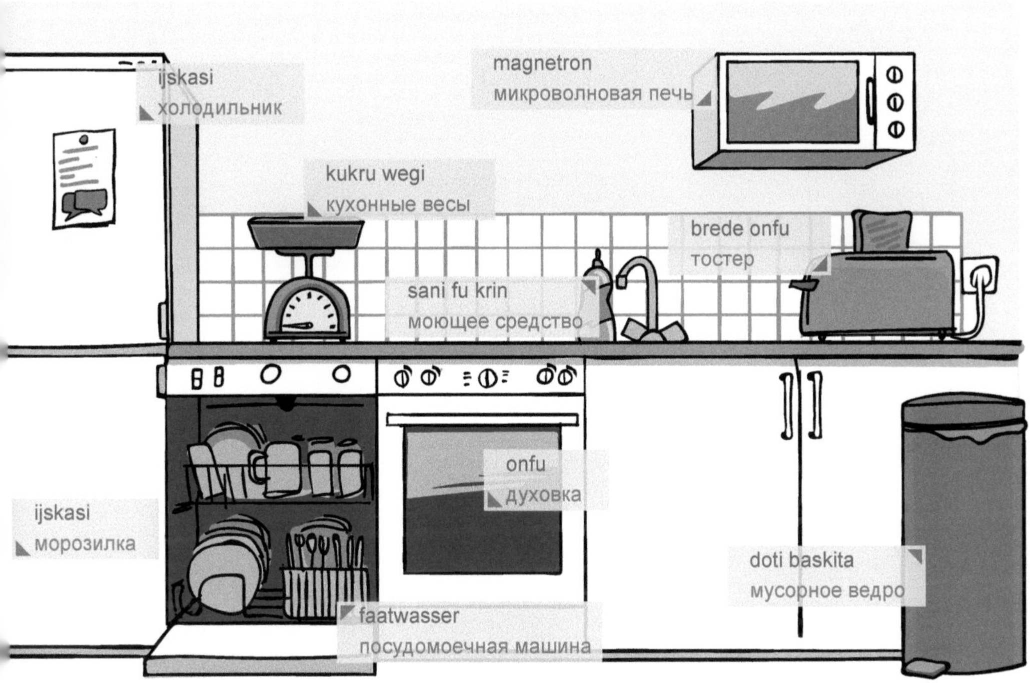

magnetron — микроволновая печь

ijskasi — холодильник

kukru wegi — кухонные весы

brede onfu — тостер

sani fu krin — моющее средство

onfu — духовка

ijskasi — морозилка

doti baskita — мусорное ведро

faatwasser — посудомоечная машина

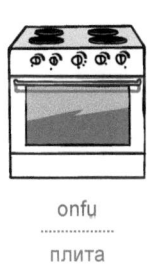

onfu
плита

patu
кастрюля

isri patu
чугунный котелок

wok / kadai
вок / кадай

pan
сковорода

ketre
чайник

dampupatu

пароварка

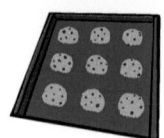

baka preti

противень

tafra-sani

посуда

kan

кружка

koba

миска

nyantiki

палочки для еды

supu spun

половник

spatel

лопатка

klutser

сбивалка

fergiet

сито

dorodoro

сито

gritigriti

тёрка

mortier

ступка

barbakoto

гриль

faya presi

костёр

koti planga

доска

blon lolo

скалка

korkutreki

штопор

tromu

жестяная банка

knefi fu opo blik

консервный нож

patu duku

прихватка

wasibaki

раковина

bosro

щетка

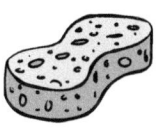

sponsu

губка

blender

миксер

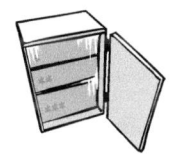

ijskasi

морозильная камера

beibi batra

бутылочка для кормления

kran

кран

was oso
ванная комната

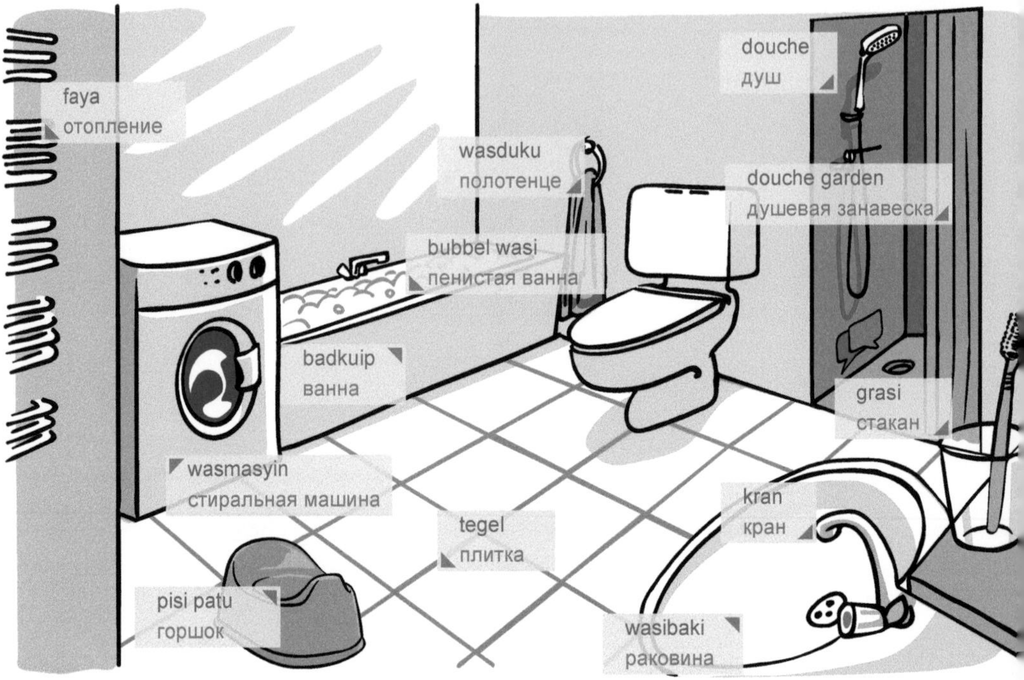

- faya — отопление
- douche — душ
- wasduku — полотенце
- douche garden — душевая занавеска
- bubbel wasi — пенистая ванна
- badkuip — ванна
- grasi — стакан
- wasmasyin — стиральная машина
- kran — кран
- tegel — плитка
- pisi patu — горшок
- wasibaki — раковина

kumakoisi

туалет

kumakoisi

напольный унитаз

bidet

биде

pisi presi

писсуар

kumakoisi papira

туалетная бумага

kumakoisi bosro

ершик

tifi bosro

зубная щетка

tandpasta

зубная паста

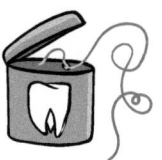

floss

зубная нить

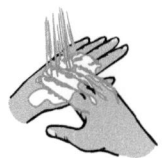

wasi

мыть

douche

ручной душ

kumakoisi douche

интимный душ

was koba

таз

baka bosro

щетка для спины

sopo

мыло

douchegel

гель для душа

sopo

шампунь

was krosi

мочалка

afvoer

сток

krème

крем

okselstik

дезодорант

was oso - ванная комната

spikri
зеркало

moimoi fu fesi spikri
ручное зеркало

sebinefi
бритва

sebiskuma
пена для бритья

aftershave
лосьон после бритья

kankan
расческа

bosro
щетка

wiri drei masyin
фен

wirispray
лак для волос

moimoi fu fesi
косметика

lippenstift
губная помада

nangra ferfi
лак для ногтей

katun
вата

nangra sey
маникюрные ножницы

switi smeri
духи

tas gi krin sani

косметичка

kroku

табуретка

wegi

весы

was dyaki

халат

handschoen fu krin

резиновые перчатки

tampon

тампон

munduku

гигиеническая прокладка

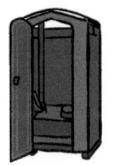

kumakoisi

биотуалет

pikin kamra
детская комната

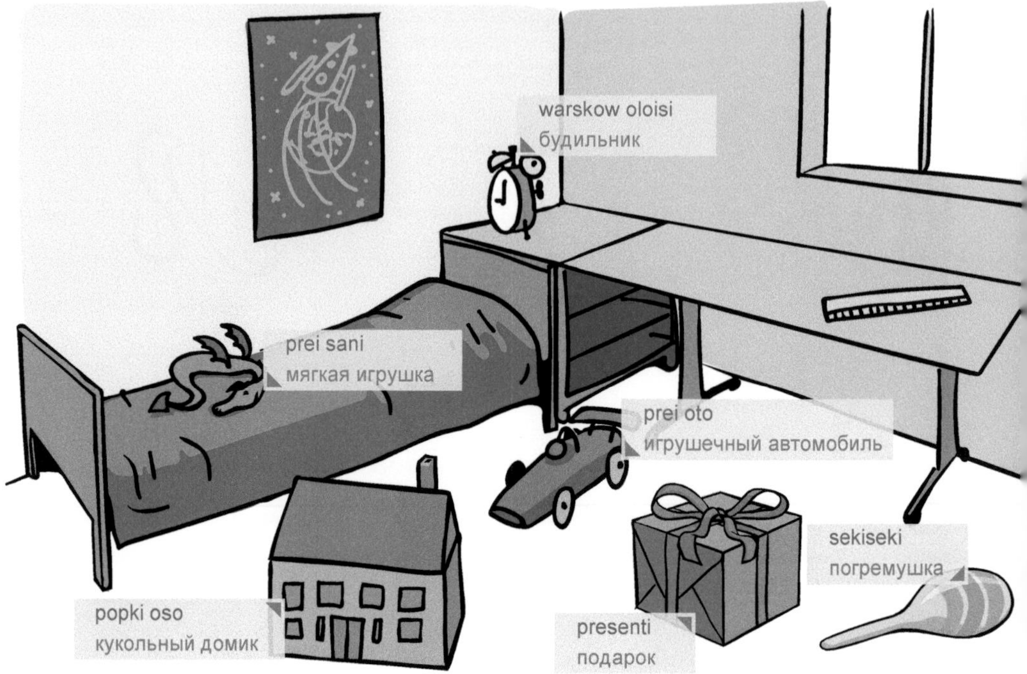

warskow oloisi
будильник

prei sani
мягкая игрушка

prei oto
игрушечный автомобиль

popki oso
кукольный домик

presenti
подарок

sekiseki
погремушка

ballon
воздушный шар

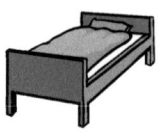

bedi
кровать

beibiwagi
детская коляска

paki karta
карточная игра

laytori
пазл

strip torie
комикс

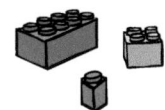

lego ston

кирпичики Лего

prei sani

кубики

aktiefiguurtje

игрушечная фигурка

beibikrosi

ползунки

frisbee

фрисби

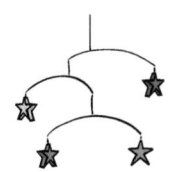

mobile

мобиле

prei tapu bord

настольная игра

prei ston

кубик

prei sani loko

модель железной дороги

bobimofo

соска

fesa

вечеринка

prenki buku

книга с картинками

bal

мяч

popki

кукла

prei

играть

santi baki

песочница

boboisturu

качели

preisani

игрушка

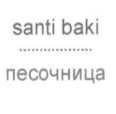

prei komputer

игровая приставка

baysigri

трёхколесный велосипед

prei sani

плюшевый медвежонок

krosi kasi

шкаф для одежды

krosi
одежда

kowsu

носки

kowsu

чулки

kowsu

колготки

krosi - одежда

skin
боди

bruku
брюки

jeansbruku
джинсы

koto
юбка

blus
блузка

empi
рубашка

empi
свитер

dyaki
свитер

djakti
спортивная куртка

dyakti
жакет

alendyakti
пальто

alendyakti
плащ

paki
костюм

yapon
платье

trowyapon
свадебное платье

krosi - одежда

paki
мужской костюм

sribikrosi
ночная сорочка

sribikrosi
пижама

sari
сари

angisa
платок

tulband
тюрбан

burka
паранджа

kaftan
кафтан

abaya
абайя

swenkrosi
купальник

swenbruku
плавки

syatu bruku
шорты

training paki
спортивный костюм

feskoki
фартук

handschoen
перчатки

krosi - одежда

knopo

пуговица

aygrasi

очки

anubuy

браслет

keti

цепочка

linga

кольцо

yesilinga

серьга

ati

шапка

krosi anga

вешалка

ati

шляпа

tay

галстук

rits

застежка молния

feti musu

шлем

bretel

подтяжки

sem skoro krosi

школьная форма

sem krosi

форма

krosi - одежда

slabbetje

детский нагрудник

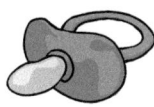

bobimofo

соска

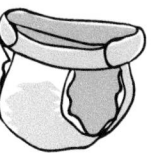

pisiduku

подгузник

kantoro
офис

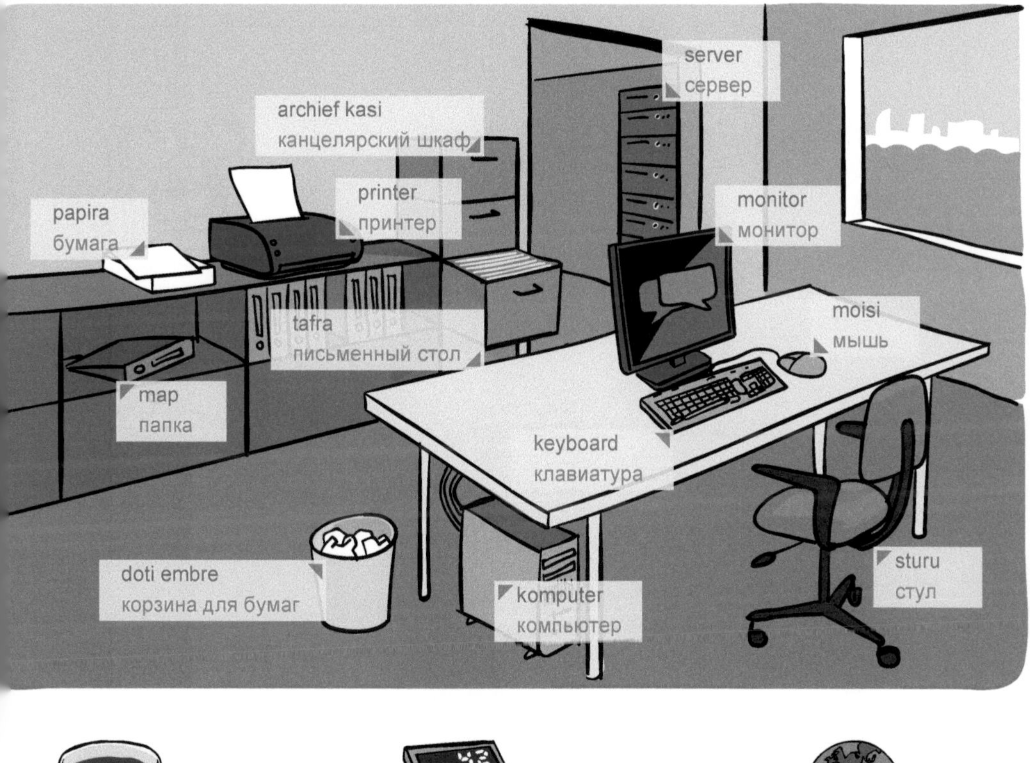

- server — сервер
- archief kasi — канцелярский шкаф
- printer — принтер
- monitor — монитор
- papira — бумага
- moisi — мышь
- tafra — письменный стол
- map — папка
- keyboard — клавиатура
- doti embre — корзина для бумаг
- komputer — компьютер
- sturu — стул

kofi kan

кофейная кружка

kalkulator

калькулятор

internet

интернет

laptop

ноутбук

brifi

письмо

boskopu

сообщение

konkrutitei

мобильный телефон

neti

сеть

kopi masyin

ксерокс

software

программа

konkrutitei

телефон

stopkontakt

розетка

fax masyin

факс

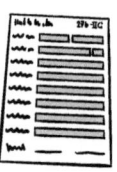

formulier

формуляр

papira

документ

ekonomia
экономика

bai
покупать

pai
платить

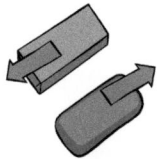
du
торговать

moni
деньги

dollar
доллар

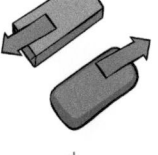
euro
евро

yen
иена

rubel
рубль

frank
франк

renminbi yuan
жэньминьби юань

rupie
рупия

monimasyin
банкомат

kenki kantoro
пункт обмена валюты

gowtu
золото

solfru
серебро

oli
нефть

krakti
энергия

prijs
цена

kontrakti
договор

lantimoni
налог

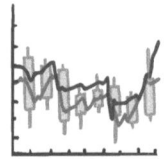
pisi
акция

wroko
работать

wrokoman
служащий

wrokobasi
работодатель

fabrik
фабрика

wenkri
магазин

ekonomia - экономика

kari
профессии

skowtu
милиционер

brandweerman
пожарный

boriman
повар

datra
врач

piloot
пилот

djariman
садовник

ternreman
столяр

modist
швея

krutubasi
судья

scheikunde sma
химик

akteur
актёр

kari - профессии 53

sjafeur	taximan	fisiman
водитель автобуса	таксист	рыбак

krinsma	dakitapu man	diniman
уборщица	кровельщик	официант

ontiman	ferfiman	bakriman
охотник	художник	пекарь

elektrikman	bow-wroko man	ensjinoru
электрик	строитель	инженер

sraktiman	loodgieter	postbode
мясник	сантехник	почтальон

kari - профессии

srudati

солдат

architekt

архитектор

kasman

кассир

bromkisma

флорист

seti sma wiri man

парикмахер

kondukteur

кондуктор

monteur

механик

kapten

капитан

tifidatra

зубной врач

sabiman

ученый

Dyu domri

раввин

Moslim domri

имам

moniki

монах

priester

священник

kari - профессии

wrokosani
инструменты

amra
молоток

tang
плоскогубцы

san fu drai skrufu
отвёртка

muru sroto
гаечный ключ

flashlight
карманный фонарь

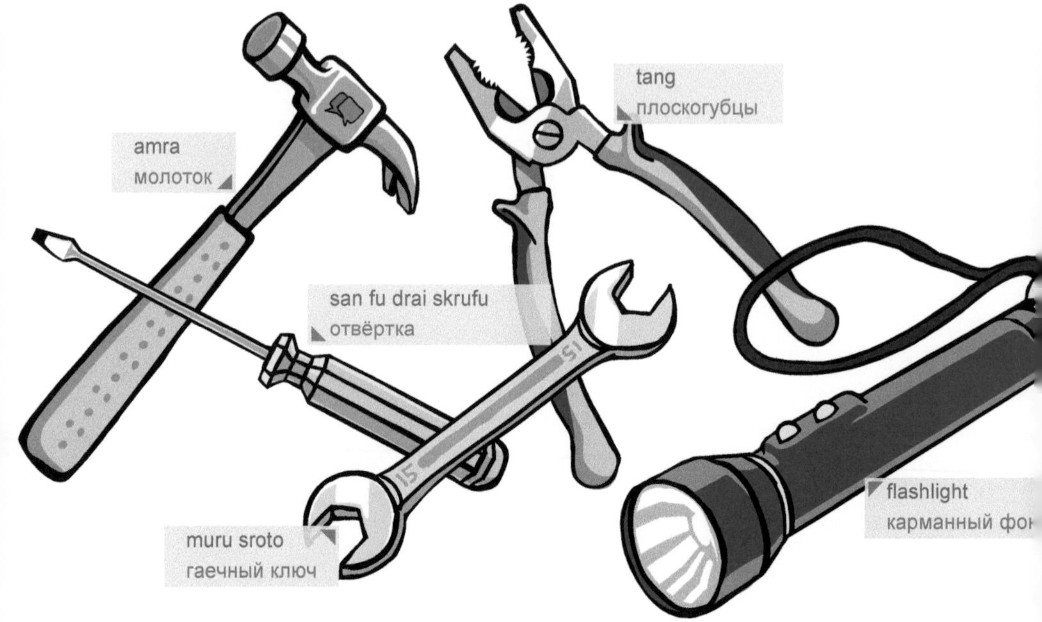

dikimasyin
экскаватор

wrokosani kisi
ящик для инструментов

trapu
стремянка

sa
пила

spikri
гвозди

boro
дрель

wrokosani - инструменты

meki
ремонтировать

skepi
лопата

Baya!
Блин!

stofblik
совок

ferfi patu
ведро с краской

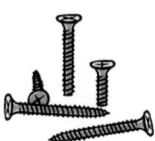

skrufu
винты

poku sani
музыкальные инструменты

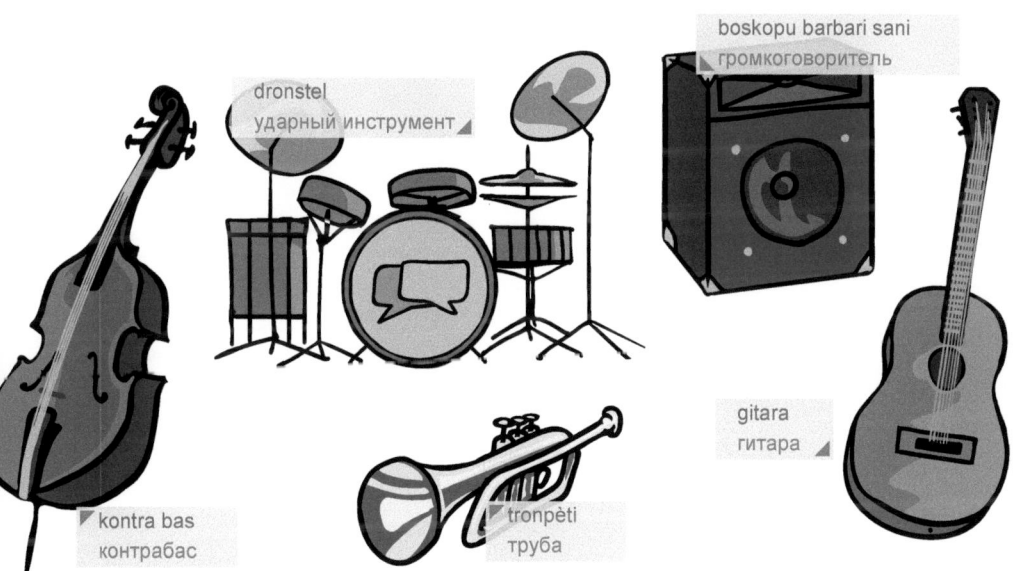

boskopu barbari sani
громкоговоритель

dronstel
ударный инструмент

gitara
гитара

kontra bas
контрабас

tronpèti
труба

piano
пианино

finyoro
скрипка

bas
бас-гитара

pauk
литавры

dron
барабан

keyboard
синтезатор

saxofon
саксофон

froiti
флейта

mikrofon
микрофон

meti dyari
зоопарк

mofodoro / вход
tigri / тигр
pen / клетка
sabanaburiki / зебра
meti nyan / корм
panda / панда

meti
животные

aεaw
слон

kangeru
кенгуру

neushoorn
носорог

gorilla
горилла

beer
медведь

kameri

верблюд

stroisifowru

страус

lew

лев

monki

обезьяна

korikori

фламинго

popokai

попугай

ijsbeer

белый медведь

pinguïn

пингвин

sarki

акула

prodokaka

павлин

sneki

змея

kaiman

крокодил

sma san e sorgu meti

служитель зоопарка

sedagu

тюлень

penitigri

ягуар

meti dyari - зоопарк

pikin asi
пони

penitigri
леопард

watrabofru
бегемот

giraf
жираф

aka
орёл

werder agu
кабан

fisi
рыба

sekrepatu
черепаха

walrus
морж

sabanadagu
лиса

dia
газель

meti dyari - зоопарк

sport
спорт

futubal
футбол

badminton
бадминтон

atletiek
лёгкая атлетика

anubal
гандбол

skiën
лыжный спорт

polo
поло

abi
иметь

dati
делать

de
быть

tnapu
стоять

lon
бежать

hari
тянуть

trowe
бросать

fadon
падать

lei
лежать

wakti
ждать

tyari
носить

sidon
сидеть

weri
надевать

sribi
спать

wiki
просыпаться

aktifiteit - действия

luku
рассматривать

krei
плакать

korikori
гладить

kan
причесывать

taki
говорить

ferstan
понимать

aksi
спрашивать

arki
слушать

dringi
пить

nyanyan
кушать

krin
наводить порядок

lobi
любить

bori
готовить

rei
ехать

frei
летать

aktifiteit - действия

seiri
ходить под парусом

teri
считать

lesi
читать

leri
учиться

wroko
работать

trow
вступать в брак

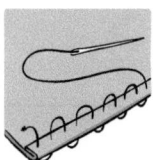
nai
шить

krintifi
чистить зубы

kiri
убивать

smoko
курить

seni
отправлять

famiri
семья

granmama / бабушка

granpapa / дедушка

papa / папа

mama / мама

beibi / младенец

umapikin / дочь

manpikin / сын

fisiti
гость

tanta
тетя

omu
дядя

brada
брат

sisa
сестра

skin
тело

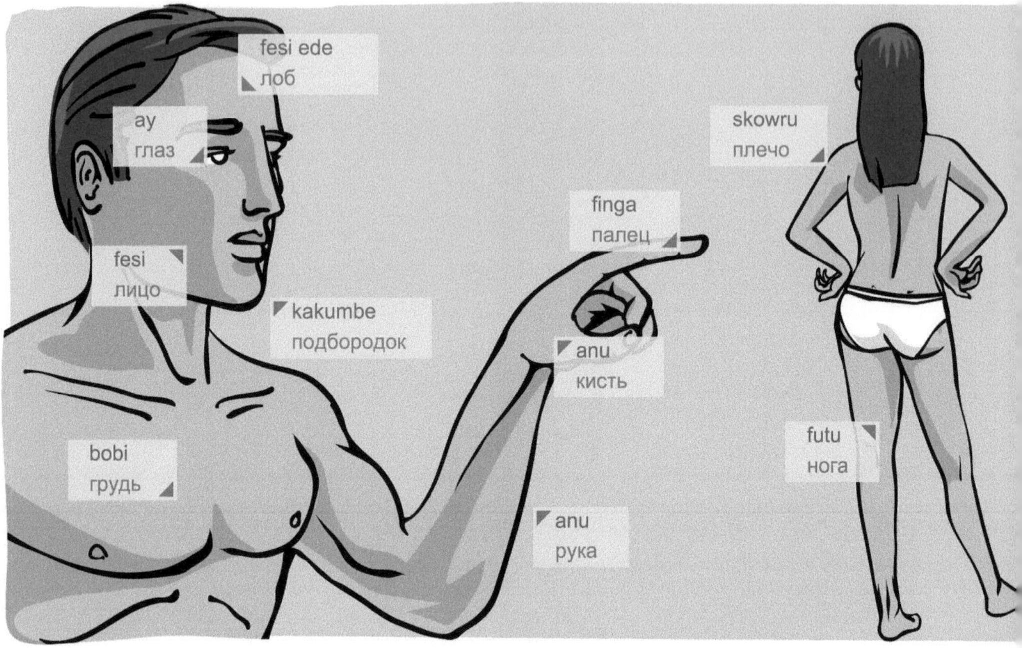

fesi ede — лоб
ay — глаз
fesi — лицо
kakumbe — подбородок
bobi — грудь
skowru — плечо
finga — палец
anu — кисть
anu — рука
futu — нога

beibi

младенец

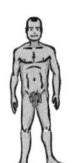

man

мужчина

uma

женщина

uma pikin

девочка

boi

мальчик

ede

голова

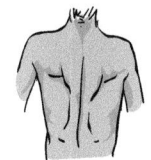

baka

спина

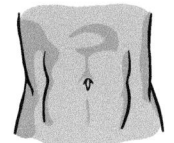

bere

живот

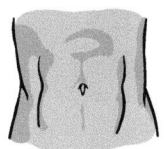

kumba

пупок

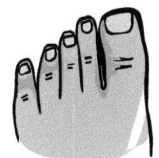

futufinga

палец ноги

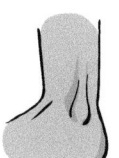

bakafutu

пятка

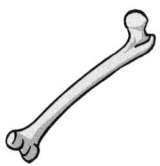

bonyo

кость

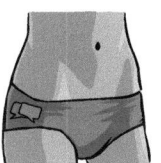

djonku

бедро

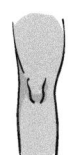

kindi

колено

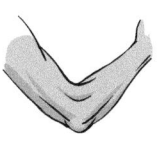

baka anu

локоть

noso

нос

bakasei

ягодицы

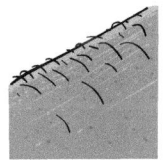

skin

кожа

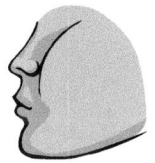

seifesi

щека

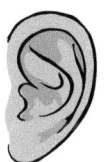

yesi

ухо

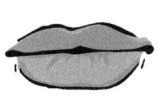

mofobuba

губа

mofo
рот

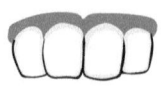

tifi
зуб

tongo
язык

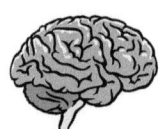

ede tonton
мозг

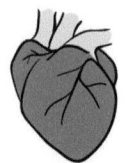

ati
сердце

titei
мышца

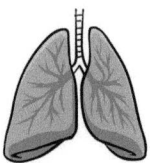

fokofoko
лёгкое

lefre
печень

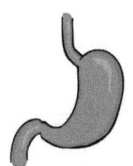

bere
желудок

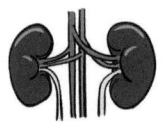

niri
почки

freiri
половой акт

pipikowsu
презерватив

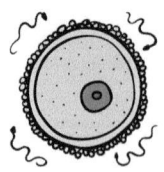

eksi
яйцеклетка

siri
сперма

bere
беременность

skin - тело

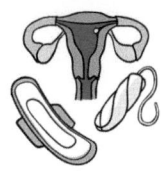

munsiki
менструация

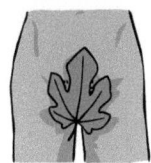

umapresi
вагина

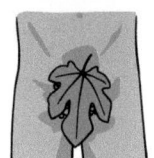

toli
пенис

atapu-ay-wiwiri
бровь

wiwiri
волосы

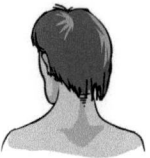

neki
шея

skin - тело

ati oso
больница

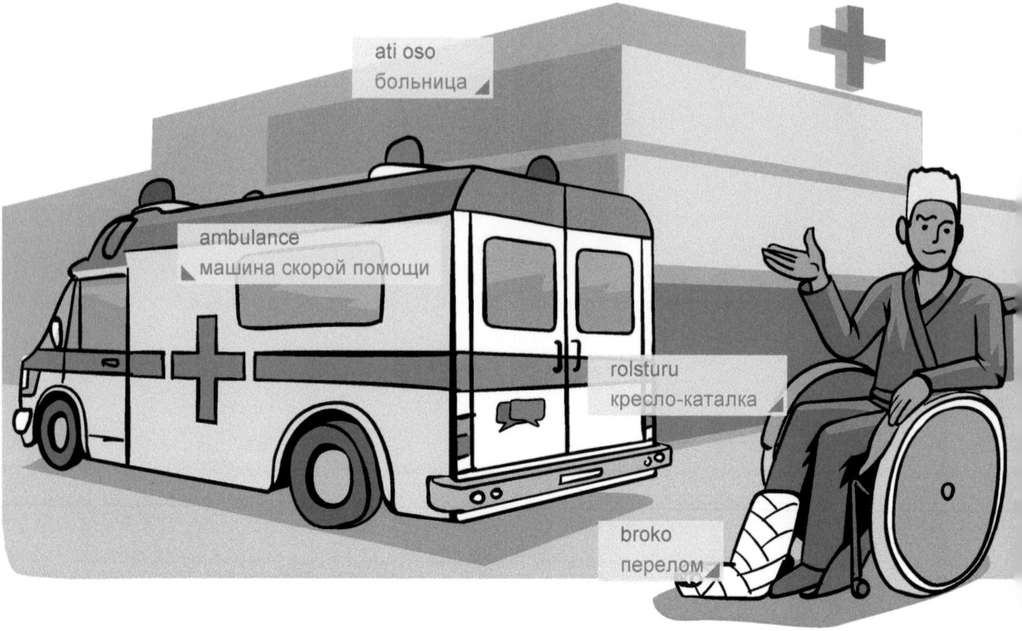

ambulance
машина скорой помощи

ati oso
больница

rolsturu
кресло-каталка

broko
перелом

datra
врач

EHBO
пункт первой помощи

suster
медсестра

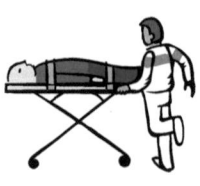

nowtu
неотложный случай

flaw
без сознания

pen
боль

soro
повреждение

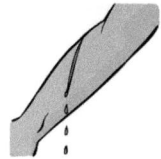
brudu
кровотечение

ati siki
инфаркт

bururtu
инсульт

trefu
аллергия

koso
кашель

kortsu
повышенная температура

griep
грипп

lusu bere
понос

ede-ati
головная боль

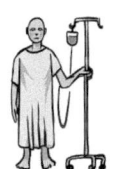
takrusiki
рак

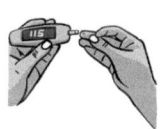
sukru
диабет

chirurg
хирург

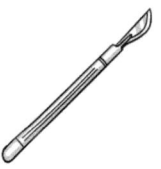
skalpel
скальпель

operâsi
операция

ati oso - больница

CT
КТ

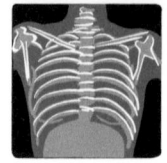
röntgen
рентген

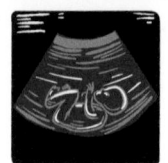
echo
ультразвук

fesi maskradu
маска

siki
болезнь

wakti kamra
приёмная

kroku
костыль

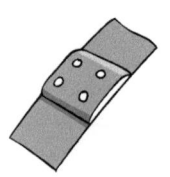
duku
пластырь

duku
бинт

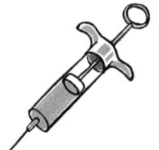
spoiti
укол

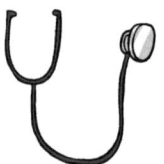
stethoskoop
стетоскоп

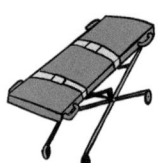
brandkard
носилки

temperatuur marki
термометр

gebore
рождение

fatu
избыточный вес

masyin fu yere

слуховой аппарат

sani fu krin

дезинфекционное средство

dyomposiki

инфекция

firus

вирус

HIV / AIDS

ВИЧ / СПИД

dresi

лекарство

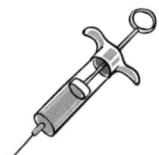

faksinasi

прививка

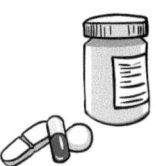

perki

таблетки

perki

противозачаточная таблетка

nowtu nomru

экстренный вызов

brudu marki

прибор для измерения кровяного давления

siki / gesontu

больной / здоровый

ati oso - больница

nowtu
неотложный случай

Yepi!
Помогите!

warskow
сигнал тревоги

feti
нападение

feti
атака

ogri
опасность

a nowtu doro
запасной выход

Faya!
Пожар!

fayakiri sani
огнетушитель

mankeri
несчастный случай

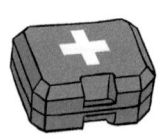
EHBO-kofru
аптечка

SOS
SOS

skowtu
милиция

grontapu
земля

Bakrakondre

Европа

Opo-Amerkan

Северная Америка

Suid-Amerkan

Южная Америка

Afrika

Африка

Asi

Азия

Australia

Австралия

Atlantis Se

Атлантический океан

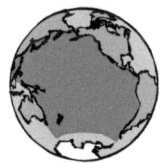

Tan tiri Se

Тихий океан

Indisch Se

Индийский океан

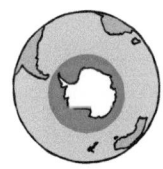

Suidsei Se

Антарктический океан

Noordsei Se

Северный Ледовитый океан

Noordsei

Северный полюс

Suidsei

Южный полюс

Antartika

Антарктика

grontapu

земля

kondre

суша

se

море

eilanti

остров

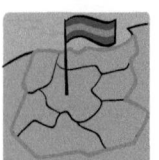

nâsi

нация

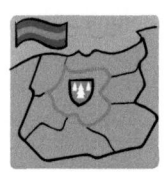

lanti

государство

oloisi
часы

oloisi fesi

циферблат

yuru sori

часовая стрелка

miniti sori

минутная стрелка

sekonde sori

секундная стрелка

O lati a de?

Который час?

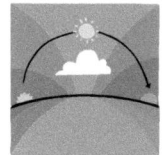

dey

день

ten

время

now

сейчас

oloisi

электронные часы

miniti

минута

yuru

час

wiki
неделя

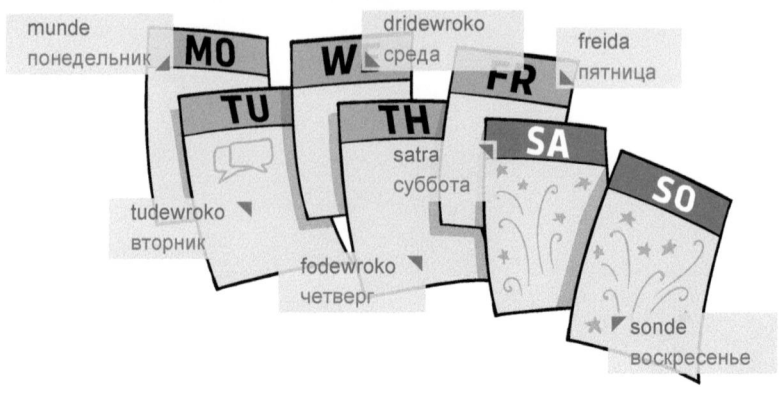

munde
понедельник

dridewroko
среда

freida
пятница

tudewroko
вторник

fodewroko
четверг

satra
суббота

sonde
воскресенье

esde
вчера

tide
сегодня

tamara
завтра

mamanten
утро

bakadina
полдень

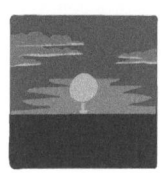

neti
вечер

den wrokodei
рабочие дни

weekend
выходные

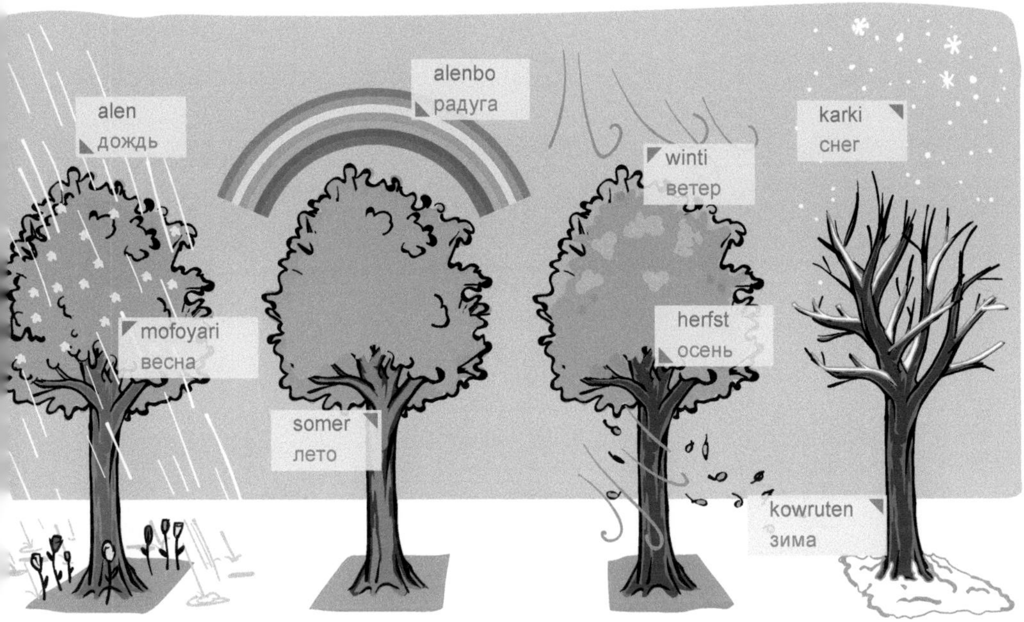

yari
год

alen
дождь

alenbo
радуга

winti
ветер

karki
снег

mofoyari
весна

somer
лето

herfst
осень

kowruten
зима

taki fu a weer
прогноз погоды

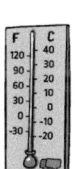

thermometer
термометр

skèln fu a son
солнечный свет

wolku
туча

dow
туман

loktu foktu
влажность воздуха

faya
....
молния

dondru
....
гром

sekiwatra
....
буря

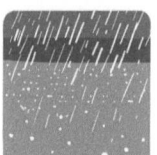

agra
....
град

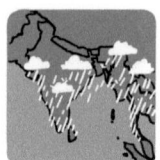

bigi skwala
....
муссон

frudu
....
наводнение

èisi
....
лёд

januari
....
январь

februari
....
февраль

maart
....
март

april
....
апрель

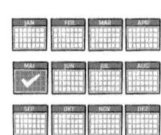

mei
....
май

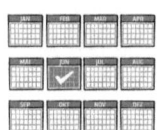

juni
....
июнь

juli
....
июль

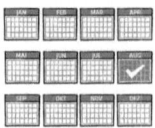

augustus
....
август

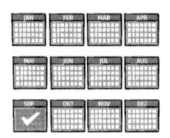
september
сентябрь

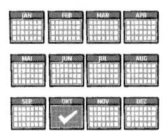
oktober
октябрь

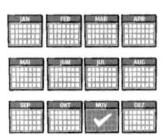
nofember
ноябрь

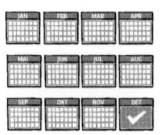
december
декабрь

form
формы

lontu
круг

fokanti
квадрат

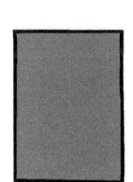
fokanti naga langa sei
прямоугольник

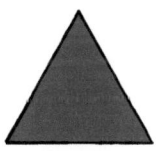
dri-uku
треугольник

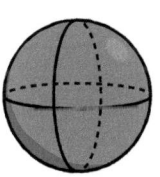
lontu
шар

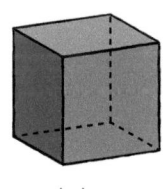
kubus
куб

kloru
цвета

witi
белый

geri
желтый

alanya
оранжевый

ròs
розовый

redi
красный

lila
лиловый

blaw
синий

grun
зелёный

broin
коричневый

grei
серый

blaka
черный

difrenti
противоположности

tumsi / wanwan · atibron / tiri · moi / takru

много / мало · яростный / мирный · красивый / уродливый

begin / kba · bigi / ptyin · lekti / dungru

начало / конец · большой / маленький · светлый / темный

brada / sisa · krin / doti · krinkrin / no bun nofo

брат / сестра · чистый / грязный · полный / неполный

dei / neti · dede / libi · bradi / smara

день / ночь · мёртвый / живой · широкий / узкий

kan nyan / no kan nyan

съедобный / несъедобный

takru / bun

злой / дружелюбный

prisiri / ferferi

взволнованный / скучающий

fatu / fini

толстый / худой

fosi / lasti

сначала / в конце

mati / feyanti

друг / враг

furu / leigi

полный / пустой

tranga / safu

твёрдый / мягкий

hebi / lekti

тяжёлый / легкий

angri / dreineki

голод / жажда

siki / gesontu

больной / здоровый

no gi pasi / tru

незаконный / законный

koni / don

умный / глупый

kruktu / leti

слева / справа

gi / fara

близко / далеко

difrenti - противоположности

nyun / owru

новый / подержанный

noti / wan sani

ничто / нечто

owru / jongu

старый / молодой

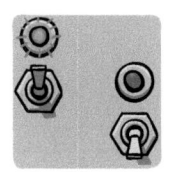

leti / tapu

включено / выключено

oro / tapu

открыто / закрыто

safu / tranga

тихо / громко

gudu / poti

богатый / бедный

bun / fowtu

правильный / неправильный

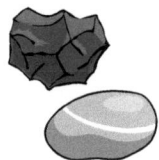

grofu / grati

шероховатый / гладкий

sari / breiti

печальный / счастливый

shatu / langa

короткий / длинный

loli / esi-esi

медленный / быстрый

nati / drei

мокрый / сухой

warang / kowru

тёплый / прохладный

feti / freide

война / мир

difrenti - противоположности

nomru
цифры

0 noti — ноль

1 wan — один

2 tu — два

3 dri — три

4 fo — четыре

5 feifi — пять

6 siksi — шесть

7 seibi — семь

8 aiti — восемь

9 neigi — девять

10 tin — десять

11 erfu — одиннадцать

12
twarfu
двенадцать

13
tin-na-dri
тринадцать

14
tin-na-fo
четырнадцать

15
tin-na-feifi
пятнадцать

16
tin-na-siksi
шестнадцать

17
tin-na-seibi
семнадцать

18
tin-na-aiti
восемнадцать

19
tin-na-neigi
девятнадцать

20
twenti
двадцать

100
hondru
сто

1.000
dusun
тысяча

1.000.000
milyun
миллион

nomru - цифры

den tongo
языки

Ingristongo

английский

Amerkan Ingristongo

американский английский

Sneisi Mandarijntongo

мандаринский китайский

Hinditongo

хинди

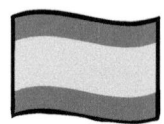

Spanyoro

испанский

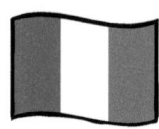

Frans

французский

Arabiatongo

арабский

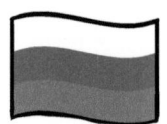

Rusitongo

русский

Potogisi

португальский

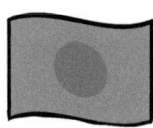

Bengalitongo

бенгальский

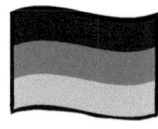

Doisritongo

немецкий

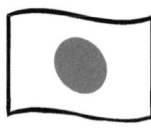

Japantongo

японский

suma / sang / fa
кто / что / как

mi
я

yu
ты

en / en / en
он / она / оно

unu
мы

yu
вы

den
они

suma?
кто?

san?
что?

fa?
как?

pe?
где?

oten?
когда?

nen
имя

ре
где

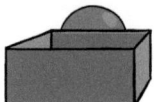
baka
за

ini
в

fesi
перед

abra
над

tapu
на

ondro
под

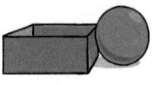
na sei
рядом

mindri
между

presi
место